LE
ROYALISME
EN ACTION.

LE
ROYALISME
EN ACTION,

Suivi de quelques Réflexions sur la brochure de M. Gavand, pour rappeler une vérité trop méconnue.

Par Fabre (de l'Ain), Pharmacien de l'Ecole royale Vétérinaire.

Dévouement et modération.

A PARIS,

Chez Audin, Libraire, quai des Augustins, n.º 29;

et A LYON,

Chez J.ʰ Bettend, Libraire, rue Merciére, n.º 49.

Imprimerie de J. M. BOURSY, rue Poulaillerie, n.º 19.

1816.

A SON ALTESSE ROYALE

MONSIEUR
COMTE D'ARTOIS.

Ce fut par vos ordres que se formèrent les Chasseurs d'Henri IV: à votre voix ils accoururent, et donnèrent, dans des temps difficiles, des preuves d'un dévouement que personne ne sait apprécier mieux que V. Altesse Royale. Cette considération me donne la hardiesse de vous dédier ce petit ouvrage, où j'ai tâché d'assigner les bornes du véritable Royalisme.

Si Votre Altesse Royale daigne agréer ma faible production, je me croirai un bon Français: c'est la seule gloire que j'ambitionne.

Je suis avec un profond respect,

Monseigneur,

De Votre Altesse Royale

Le très-humble, très-obéissant et très-soumis serviteur

FABRE.

LE ROYALISME EN ACTION.

Ceux qui ont donné des preuves de courage le jour du combat, ceux qui sont venus se rallier au drapeau blanc, sur le champ de bataille, lorsque l'ennemi était en présence : ceux-là ont le droit de se dire Royalistes, de compter sur les témoignages de la reconnaissance et de l'estime publique ; et si leur dévouement est dégagé de toute ambition, si leurs noms sont ignorés, il est juste de les publier, afin qu'ils puissent jouir de la considération que leur doivent leurs concitoyens, pour le bonheur desquels ils ont exposé leur fortune et leur vie.

Des Français de toutes les classes se sont distingués par leur attachement à la Monarchie et au Souverain légitime ; ceux qui, élevés aux fonctions de la magistrature ou à quelque poste militaire, ont tout sacrifié pour rester fidèles aux principes, ont sans doute bien mérité du Roi et de la patrie ; leur constance est d'autant plus digne d'éloge, qu'étant en première ligne, ils se trouvaient les premiers exposés aux coups de l'ennemi : *feriunt summos fulmina montes.* Mais leurs noms sont connus, et déjà le Roi a récompensé leur fidélité en les honorant de sa confiance.

Je veux ici plus particulièrement relever la gloire de ceux que, pour la plupart, la naissance et la fortune semblent priver de l'espoir d'une récompense digne de leur dévouement, et qui néanmoins ont pris les armes pour la défense de la cause royale. Ces mots d'*égalité*, de *liberté*, si puissans sur la multitude, n'ont pu les entraîner, et cependant ils devaient flatter leur amour-propre et leur petite vanité ; tous, forts de leurs principes, appuyés sur l'expérience, plusieurs d'entr'eux assez éclairés pour comprendre que l'ordre social repose sur la stabilité des conditions des particuliers, et la stabilité de ces conditions sur celle du gouvernement légitime, ils ont résisté à tous les genres de séduction, ont bravé la populace mutinée et le tyran qui les proscrivait.

Magistrats, Prêtres, hommes riches qui par vos discours avez donné l'impulsion à tant d'honnêtes citoyens, vous qui les avez ralliés à ce casque ombragé du panache blanc que l'on vit toujours au chemin du véritable honneur ;

vous qui avez dirigé leurs pas, éclairé leur marche; vous qui les avez soutenus dans leurs travaux par vos sages conseils et vos fortunes, puissent le ciel et les hommes vous récompenser de vos sentimens, de vos sollicitudes, de vos efforts et de vos sacrifices! Mais qui ne connaît pas vos ames généreuses? Je sais bien que votre premier, comme votre plus précieux dédommagement est dans la paix et le bonheur de vos compatriotes.

Chabrol (*a*), Defargues (*b*), Godinot (*c*), De Varax (*d*), Delandine (*e*), Sainneville (*f*)! A ces noms, qui ne reconnaît des hommes capables de tous les efforts de la vertu? Tout le monde sait apprécier votre courage, tout le monde sait que votre zèle ne s'est point borné à de simples conseils, à des sacrifices sans

---

(*a*) Préfet alors de Lyon, et réintégré par le Roi.

(*b*) Alors Maire de Lyon, destitué par l'usurpateur, réintégré comme M. le Préfet.

(*c*) Adjoint du Maire et Administrateur des Hôpitaux, destitué et placardé par les agens de Bonaparte, réintégré et faisant aujourd'hui les fonctions de Maire.

(*d*) Maire du faubourg de Vaize, destitué, ensuite poursuivi sur la dénonciation virulente de l'ex-commissaire de police *Bigaud;* enfin réintégré comme les trois autres.

(*e*) Commissaire du Roi dans les provinces du Lyonnais, Forez et Beaujolais.

(*f*) Lieutenant de police à Lyon.

danger. Qu'il me suffise de citer les noms de quelques-uns d'entre vous, comme un témoignage de mon admiration pour vos vertus.

Chasseurs d'Henri IV (*g*), vous qui osâtes dans un péril aussi imminent vous réunir dans les montagnes du Forez, et vous montrant ainsi à découvert, n'eûtes d'autre alternative que la victoire ou la mort ! je veux payer à votre généreux dévouement le tribut d'éloges qui lui est dû : c'est de vous que je vais parler.

Donner le titre de Chasseurs d'Henri IV, aux citoyens qui embrassèrent la défense de l'héritage de ce grand roi, pour le conserver à son digne et légitime successeur LOUIS-LE-DÉSIRÉ, ce fut ajouter fort à propos à l'honneur de l'entreprise pour notre vertueux Monarque, un titre honorable pour les défenseurs qui s'associèrent en quelque sorte aux nobles travaux des fidèles et braves compagnons de Henri; ce moyen était digne de l'auguste frère de notre bon Roi.

Dès les premiers jours du mois de Mars 1815, à la première nouvelle du débarquement de

---

(*g*) Je sais bien que, sans avoir pris les armes, beaucoup d'autres personnes ont été constamment animés d'une égale vertu patriotique, et je suis loin de vouloir la déprimer lorsque je ne parle que des Chasseurs d'Henri IV.

Bonaparte, ce Prince créa dans le Lyonnais plusieurs corps de volontaires, sous le titre de Chasseurs d'Henri IV, dont il confia l'organisation et le commandement à M. le comte Hippolyte d'Espinchal.

Mais déjà l'usurpateur avançait vers la seconde ville du royaume, où commençait à se faire sentir un ferment de révolte, et la défection des troupes de Grenoble (*h*) pouvait entraîner celle des troupes de Lyon. MM. Birbel (*i*) et Rouillet (*k*), sûrs des sentimens et forts de la parole de plus de deux cents gardes nationaux, se présentèrent à S. A. R. Monsieur, et lui firent, pour eux et leurs camarades, l'offre de leurs services. Cet exemple fut suivi par plusieurs autres citoyens, parmi lesquels on doit citer MM. Chèze, négociant à Vaize ; Blanchard et Dupin, qui avaient aussi formé un corps considérable ; mais S. A. R., qui, à cette époque ne pouvait plus compter sur la fidélité des troupes, ne voulut point exposer ces pères de famille.

(*h*) Ombre de *Philippe de Valois*, quelle n'est pas ta douleur, de voir, la première sur la liste des provinces rebelles, celle qu'au milieu du 14.ᵉ siècle tu acquis pour l'aîné des enfans de France !

(*i*) Negociant, rue Grenette.

(*k*) Chirurgien-herniaire.

Cependant le danger augmentait à mesure que, dans l'armée, la défection devenant plus considérable (*l*), l'ennemi commun qui acquérait de nouvelles forces, s'approchait davantage : il était aux portes ; il fallait fuir à regret, mais à la hâte. Le Prince quitta la ville de Lyon pour aller joindre, sur la route de Paris, une armée qui paraissait encore fidèle au Roi (*m*).

L'usurpateur entre dans la ville, et le maréchal duc de Tarente fuyait avec un général, dont le cheval déferré l'obligea de s'arrêter dans le faubourg de Vaize. Sans connaître cet officier supérieur, mais ne pouvant pas douter de son attachement à la cause royale, MM. Déchet cadet (*n*) et *****, quoiqu'à la veille d'une semblable proscription, ne craignirent pas de se

---

(*l*) L'expérience a souvent prouvé que le peuple suit toujours l'exemple de ses chefs, Voltaire a-t-il dit avec le grand législateur Confucius. *Sous les bons chefs Yoa et Xü, les Chinois furent bons ; et sous les mauvais chefs Kie et Chu, ils furent méchans.* La rebellion du peuple et de l'armée est donc uniquement à la charge des chefs qui se sont également rébellés.

(*m*) Beaucoup de gardes nationaux auraient voulu le suivre, et ne le pouvaient pas, si ce n'est M. l'avocat Verdun qui s'étant procuré un cheval, eut l'honneur de l'accompagner jusqu'à la première poste.

(*n*) Négociant à Vaize.

montrer pour ce général : dès qu'il eut son cheval ferré , ils lui indiquèrent des chemins détournés, et l'accompagnèrent jusqu'à ce qu'il n'eût plus à craindre les violences d'une soldatesque effrénée qui courait à sa poursuite comme à celle du Maréchal.

L'homme de l'île d'Elbe et son parti triomphaient dans Lyon, tandis que les ombres sanglantes de tant de millions de Français s'élevaient du fond de leurs tombeaux contre cet usurpateur, dont l'ambition déjà réprimée se relevait de nouveau pour courir encore au despotisme et à la tyrannie, sous les dehors trompeurs de la popularité. Toutefois un remède efficace et prompt était dans le dévouement du patriotisme et de l'amour pour le Roi. MM. Chèze (o) et Blanchard (p), capables de ce dévouement, courent, comme de nouveaux *Scævola*, enlever du milieu de ses gardes l'ennemi de leur patrie, ou l'étendre mort à leurs pieds. Ah! sans doute, il est louable, le motif qui porte un Magistrat justement recommandable à détourner, par la puissante autorité de ses sages conseils, l'entreprise périlleuse de ces deux pères de famille, puisqu'ils auraient pu en être eux-mêmes les

---

(o) Aujourd'hui Capitaine au 1.er bataillon de la légion du Rhône.

(p) Négociant à Lyon, Capitaine au 2.e bataillon.

victimes, et en entraîner d'autres, sans avoir pu délivrer la France du monstre qui venait de nouveau la ravager. Mais combien de maux et combien de sang la réussite d'un projet si hardi n'aurait-elle pas épargné à l'Europe et à la France ! Sanglante journée de Vaterloo, vous n'affligeriez pas l'humanité ; la terre n'aurait point été de nouveau arrosée du sang des enfans et des larmes de leurs mères !

La famille royale est abandonnée par les troupes : Bonaparte entre triomphant dans Paris : on répend les bruits les plus défavorables à la famille des Bourbons : c'est l'Autriche qui ne veut point faire la guerre à Bonaparte ; c'est le parlement d'Angleterre qui s'oppose à ce qu'on la fasse dans l'intérêt d'un descendant du grand Henri ; on emploie tous les moyens pour ôter tout espoir aux Royalistes, rien ne peut ébranler la fermeté de M. le comte d'Espinchal. Après avoir reçu ses pouvoirs de S. A. R. Monsieur, il avait parcouru tous les départemens voisins, et avec cette rare activité qui lui est naturelle, il avait enrôlé deux mille hommes, sur le nombre desquels cinq cents furent fournis par M. Chèze, et à-peu-près cent par M. Blanchard. M. le Comte dut beaucoup aussi dans cette occasion au zèle de Messieurs Guyot (*q*), les frères

---

(*q*) Capitaine à la demi-solde, et nommé chef de bataillon.

Dareste (*r*), Sautemouche (*s*), Niel (*t*), et de tant d'autres (*v*).

C'est ici que le zèle et le dévouement de ces braves français offre quelque chose de sur-humain. Quand on ne connaissait pas, qu'on ne pouvait pas raisonnablement prévoir la défection de toute l'armée, ils pouvaient, avec de grandes probabilités de réussite, offrir leurs services; l'espoir de sauver la monarchie, et l'honneur d'y contribuer pouvaient les affermir dans leurs nobles résolutions. Mais renoncer aux douceurs d'une vie paisible, s'arracher des bras de sa famille, quitter toutes ses habitudes pour aller courir les hasards des combats; se dévouer volontairement à la proscription, à une mort inévitable, si, comme on l'annonçait, la coalition était dissoute, c'est un

---

(*r*) Propriétaire à St.-Symphorien-le-Château, également chef de bataillon.

(*s*) Docteur en Médecine à St.-Symphorien-le-Château, fut nommé Chirurgien-major.

(*t*) Propriétaire à St.-Symphorien.

(*v*) Je regrette de ne pouvoir pas citer les noms de tous, par rapport aux bornes que doit avoir cet écrit, néanmoins je dois rappeler l'exemple de M. Baussens, liquoriste à Vaize, qui, sans consulter son âge, fut le premier à s'enrôler avec ses trois fils, dont le plus jeune, toujours intrépide, fut fait sous-lieutenant.

effort sublime, et dont les ames ordinaires sont incapables.

Il fallait tenter le sort des armes envers des compatriotes, des concitoyens, et peut-être même des parens, ou essayer d'abord des moyens plus doux pour arriver au même but, c'est-à-dire, désorganiser en provoquant à la désertion les troupes des rebelles, afin de ruiner leur parti sans leur faire du mal. Des deux moyens il était naturel à des amis de préférer le second. Il le fut en effet; chaque Royaliste rivalisa de zèle et d'activité pour voir couronner les démarches du plus grand succès; et bientôt plusieurs routes furent couvertes de déserteurs qui retournaient à un état plus heureux au sein de leurs familles. Mais les suppôts de la police du tyran devinrent plus actifs; à une extrême surveillance succédèrent des persécutions, de tous genres. Il est vrai qu'on s'attache d'autant plus aux opinions, que l'on souffre davantage pour elles, car on vit toujours les persécutions roidir l'ame des Royalistes, loin de leur faire baiser les fers de l'esclavage. Cependant toujours quelqu'un était surpris et emprisonné.

Hélas! quelles n'ont pas été les privations, les souffrances et les pertes de ces malheureux prisonniers ! Dans le mois de Mai, le commissaire

saire de police Bouquin, et trois gendarmes porteurs d'un ordre du proconsul Maret, forcèrent M. Birbel, à ouvrir son magasin et tout son domicile, avant le point du jour, et y entrèrent tous avec cette fureur qui anime des soldats quand ils prennent d'assaut une ville. Avant d'avoir de la lumière, ils fouillent par-tout, mettent tout en désordre (*x*), sous prétexte de chercher des armes, et certains papiers. Enfin ils le saisissent au collet et le traînent à la maison d'arrêt comme étant prévenu d'avoir provoqué *les militaires à la désertion, en leur tenant des discours tendants à avilir et à renverser le gouvernement, et à armer les citoyens les uns contre les autres* (*y*).

(*x*) Ce désordre fut si grand que beaucoup d'objets de magasin, et quatre cents francs en vingt pièces d'or, qui étaient dans le tiroir d'une table de la chambre, ont été perdus, du moins pour Birbel.

(*y*) Que d'absurdités, quel abus des lois, de la raison et de la justice ! Parler en faveur de Louis XVIII, qui est le souverain légitime rentré dans ses droits par la volonté de la nation, et par celle même de toute l'Europe, est-ce parler contre le gouvernement ? Parler contre Bonaparte, qui n'a aucun droit au gouvernement, même par une suite nécessaire de sa propre abdication, est-ce encore parler contre le gouvernement ? Porter des soldats rebelles à quitter les armes et à vivre en paix, en les excitant à la

Heureusement, le jury le déclara innocent. Ce jury voulut sans doute, par sa déclaration, reconnaître la justice de la cause du Roi.

Ce dernier résultat fut heureux, mais les derniers événemens avaient été trop rudes pour s'exposer à de nouveaux dangers, sans être en état de légitime défense. S'armer et se réunir définitivement, était un devoir commandé par les circonstances.

On court aux armes, et la commune de Chevrières, une des meilleures de la province par l'esprit de ses habitans, est choisie pour être le point central de la réunion.

La défection, comme une maladie contagieuse, avait alors gagné toutes les parties de l'armée, et de nombreux corps de troupes rebelles étaient centralisés à Lyon : il n'était pas possible aux Chasseurs d'Henri IV, de présenter de front les armes à l'ennemi, ou du

---

désertion, est-ce parler pour armer les citoyens les uns contre les autres ?

Enfin Birbel est interrogé avec rudesse, mis au rang des plus grands criminels, parce qu'on le voit royaliste. Des Magistrats de cette espèce réveillent le souvenir douloureux des juges de 93. Pour moi je préfère les formes plus douces du commis-greffier alors près le juge d'instruction, qui n'en veut pas précisément à la personne des Royalistes.

moins de le risquer avec quelque espoir de succès. Traverser ses entreprises, soutenir l'esprit public, désarmer la gendarmerie, dont l'esprit était en géneral fort mauvais, brûler les signes de révolte, faire arborer le drapeau blanc, rendre à la liberté les déserteurs arrêtés, détourner les réquisitions d'hommes, de fourrages et de bestiaux, intercepter les dépêches, retenir les deniers publics pour le gouvernement royal, éclairer les habitans des campagnes, en un mot, nuire aux rebelles par tous les moyens d'une légitime défense, tel fut le plan des Chasseurs d'Henri IV, pour coopérer au renversement du trône de l'usurpateur.

Ce n'est pas sans douleur qu'on se rappelle encore les contrariétés que rencontrèrent les premières entreprises. Tout le monde sait que les braves Lyonnais, lorsqu'ils avaient pu franchir l'enceinte de leur ville, se rendaient au camp de Chevrières par la route d'Oullins, portant le drapeau blanc, des armes et des munitions. Arrivant à Pierre-Bénite, un détachement de ces Chasseurs fut surpris par un nombre bien supérieur de fédérés en embuscade. Quelque vive et opiniâtre que fut d'abord leur résistance, il fallut enfin abandonner le terrain, laisser des armes, des munitions, perdre le drapeau et même des hommes que l'on conduisit prisonniers à la ville (*z*).

Mais au camp, cette nouvelle affligea tous les Chasseurs, et n'intimida personne. M. le comte-colonel d'Espinchal, loin d'en être abattu, montra encore plus de courage et plus de fermeté. *Messieurs*, dit-il, *après avoir juré de mourir en défendant le Roi, quel que soit notre nombre, toujours esclaves de notre serment, nous prouverons que le courage, la bravoure et la valeur*

(*z*) Il me semble voir le brave commandant Guyot encore à la tête de quelques Chasseurs, qui, pour opérer sa retraite, se fait jour, les armes à la main, à travers les baïonnettes qui l'entourent, et ensuite d'un poste de vétérans qu'il rencontre à Ste.-Foy. Tout cède à son intrépidité, tandis que plusieurs de ses frères-d'armes, entr'autres MM. *Morel* jeune, négociant à Lyon ; *Frezet*, fabriquant en soie ; *Lin-Allois*, instituteur, et *Gieux*, teneur de livres, moins heureux que lui, sont garottés, battus et même menacés à chaque instant de perdre la vie, sur-tout quand le trop fameux Rousset, commissaire de police, les conduisant en prison, les fait passer, sans doute à dessein, au milieu d'une immense *peautraille* de tous les gens qui travaillent aux redoutes.

Brave Jaricot, jardinier à Ste.-Foy, toi qui répondis au commandant Guyot : *Que vous importe mon opinion ! vous êtes malheureux, cela suffit ; vous et vos camarades, entrez, vous serez en sûreté chez moi !* Reçois les remercîmens pour ton acte hospitalier : tes sentimens sont au-dessus de ton état.

sont inséparables du vrai patriotisme et de la fidélité au devoir.

Il donne des ordres, le zèle et l'activité les suivent; il divise ses forces pour occuper tout-à-la-fois plusieurs points; on les réunit sur un seul selon le besoin des circonstances; toujours son exemple soutient la force de ses discours; il brave et la fatigue et le mauvais temps, il affronte les hasards des combats; sa froide intrépidité ne rencontre rien qui lui résiste. Tous ses officiers, principalement MM. Guyot, Chèze et Blanchard, sont pour ainsi dire autant de d'Espinchals. Les sous-officiers, les simples soldats rivalisent de zèle avec leurs chefs; chacun observe la sévère discipline qu'une sage prévoyance a établie. Point de clameur, pas une plainte : le riche est tranquille dans son château comme le pauvre dans sa cabanne *(aa)*.

Ah! si la disparité du nombre avait été moins grande, les troupes des rebelles n'auraient pas si long-temps occupé Lyon, et opprimé un grand nombre de ses habitans; mais du moins on vit plus heureuses toutes les communes qui eurent

---

(aa) Exemple, dit-on, plus rare dans d'autres provinces! Puisse ce bruit n'être que l'écho de la calomnie; car elle est précieuse, l'estime des gens de bien! Et d'ailleurs la conscience est toujours là.....

un rapport immédiat avec la petite troupe des braves Chasseurs d'Henri IV. Chazelles, Grézieux, Duerne, St.-Martin-Anneau, Larrajasse, St.-André et plusieurs autres communes virent arborer le drapeau blanc (*bb*), sur les cendres du drapeau tricolore, aux cris mille fois répétés de *Vive le Roi, vivent les Bourbons.* Par-tout l'exemple des Chasseurs fait courir dévotement aux pieds des Autels pour chanter le *Domine, salvum fac Regem*, et implorer la protection du ciel pour ces augustes Princes (*cc*).

Trente conscrits du département du Puy-de-Dôme, tous à demi-nus, gemissant dans les prisons, sont rendus à la liberté, nourris, pourvus de vêtemens, et par reconnaissance

---

(*bb*) Je me souviens sur-tout, Mesdames Laurent, de celui qu'à Larrajasse vos soins avaient préparé ; il me semble encore le voir tout fleurdelisé par votre broderie élégante et riche, flotter à nos regards satisfaits !

(*cc*) Plus particulièrement on doit des éloges à MM. le Maire de Duerne ; *Animé*, curé à St.-Martin ; *Ribier*, curé à Larrajasse, et *Vignon* son vicaire, pour leur zèle et leur généreux sacrifice en cette circonstance. Hélas ! bientôt tous leurs meubles et leurs provisions furent pillés ; saccagés par des brigands bonapartistes, et presque toute la commune de Duerne faillit être victime au passage des corps-francs de Bonaparte qui se retiraient au-delà de la Loire.

peut-être plus que par royalisme, ils se réunissent comme force active à leurs libérateurs.

Mais déjà les gendarmes de Chazelles, et tous les individus qui comprimaient l'élan des fidèles, sont réduits à une heureuse impuissance; ils sont vaincus, désarmés ou mis en fuite. Ici, quoique plus fort, le parti contraire est également subjugué par une noble audace. Huit chasseurs à cheval (*dd*) des braves d'Henri IV, vont successivement de Coise à St.-Symphorien-le-Château, brûler le drapeau tricolore et arborer le blanc (*ee*), à l'issue même de la messe Paroissiale, et au milieu de presque toute la population, qui n'était pas trop bien disposée. D'autre part, et sur toutes les routes sont des détachemens ou des corps mobiles pour couper les communications entre les rebelles ; surprendre leurs secrets, prévenir leurs mesures, et détourner les secours qu'ils pourraient en recevoir : des dépêches de Paris ou de Lyon n'arrivent pas, parce qu'elles ont été enlevées sur la route ; l'ordre d'arrêter un grand nombre de

---

(*dd*) Ayant pour chefs MM. de Besse et le Capitaine Chèze.

(*ee*) Qui porte la devise des Chasseurs d'Henri IV : Le Roi, la Patrie et l'Honneur. Que de malheurs n'aurait-on pas évités, si elle avait toujours été celle de tous les Français !

Royalistes du département de la Loire, et d'en faire marcher toutes les gardes nationales au secours de Lyon, quoique renouvelé plusieurs fois, n'est pas mis à exécution parce qu'il a toujours été saisi en route ; des contributions et des approvisionnemens de différente nature, attendus de St.-Symphorien, de Tarare ou de Villefranche, le sont en vain, parce qu'ils ont été arrêtés en route, si toutefois l'ordre de les fournir a pu passer ; enfin près de trois cents soldats égarés ou rebelles, qui vont séparément rejoindre, ou qui marchent par détachement, son réduits, quelquefois après des escarmouches, à mettre bas les armes et à les abandonner avec leurs munitions de guerre, s'ils ne préfèrent prendre parti pour le roi légitime.

Toutes ces expéditions militaires jettent l'alarme dans le parti ennemi, et donnent le signal du combat. Les agents de Bonaparte envoient sur tous les points des troupes qui sont bientôt en présence des postes royalistes : les avantages qu'elles obtiennent d'un côté sont balancés par les pertes qu'elles éprouvent d'un autre ; enfin chaque parti réunit toutes ses forces sur un seul point, et des renforts arrivent aux rebelles.

Dans cet état de choses, il n'était pas difficile de prévoir qu'une bataille, fût-elle gagnée par les Chasseurs d'Henri IV, devait au moins les affaiblir au point de ne pouvoir plus soutenir le choc des petits combats où ils avaient souvent obtenu des succès, parce qu'ils se recrutaient avec peine à travers mille obstacles : aussi les vit-on préférer une habile et sage retraite.

La nouvelle de la bataille de Vaterloo vint porter l'effroi dans l'ame des partisans de Bonaparte. Les Chasseurs éprouvèrent une joie bien vive en voyant ainsi approcher le moment du retour de Louis XVIII : pourquoi fallait-il qu'elle fût empoisonnée par l'idée de tant de sang répandu ?

Dans ces conjonctures, Lyon cède à des forces imposantes ; les troupes alliées s'en emparent. Mais quatre jours avant leur entrée, c'est-à-dire dès le 13 Juillet, des soldats français quittent leurs corps et la ville, se forment en bandes armées, et vont brigander sur la route et dans les campagnes. Les Chasseurs d'Henri IV, qui ont prévu cette suite de désordres, envoient par-tout des détachemens qui désarment et dissipent ces bandes.

Cependant il en parut une, forte de soixante hommes, au village des Halles (*ff*), où le

____

(*ff*) Cette commune et bien d'autres aux environs avaient arboré le drapeau blanc et brûlé le tricolore, commandant Guyot et les capitaines Chèze et Blanchard avaient vingt-cinq hommes seulement. Ici, la prudence sacrifie un peu trop à la bravoure : le petit détachement attaque sans hésiter. Les houliers-déserteurs répondent par la fusillade : on les charge à la baïonnette, ressource ordinaire des braves. Le combat est opiniâtre. Déjà blessé, l'intrépide Renaud, et le commandant Guyot sont terrassés dans la mêlée : les Chasseurs plient, Guyot reste prisonnier. On l'accable de coups, on lui arrache ses épaulettes, on le dépouille, on l'entraîne, quand tout-à-coup ses soldats ralliés par Chèze, Blanchard, Renaud et Gagnaire, viennent à

---

depuis plus de quinze jours, graces aux soins ou à la protection des Chasseurs d'Henri IV.

Mais ici, j'aime principalement à me rappeler un trait qui caractérise le véritable royalisme, les sentimens religieux et la générosité de Mme du Fenoil. Son fils aîné faisait partie des Chasseurs d'Henri IV. Elle voulut que tous ses compagnons d'armes, passant ou restant en sa commune des Halles, logeassent et eussent leur poste de défense dans son château. En vain lui observait-on que les rebelles pourraient venir avec des forces considérables attaquer les Chasseurs dans le château, le réduire, le saccager, le brûler même : *Dans cette circonstance, dit-elle, le château n'est rien pour moi ; nos biens, nos vies appartiennent au Trône et à l'Autel.*

son secours et le délivrent en surprenant l'ennemi, qui d'abord tout occupé des moyens de sa
propre défense, ne pense à la garde de son
prisonnier que lorsqu'il est déjà loin.

Cette petite affaire fait infiniment d'honneur
aux Royalistes. S'ils ne purent vaincre un
ennemi bien supérieur en nombre, ils eurent
au moins le courage de l'attaquer, de revenir
à la charge, pour délivrer leur commandant; et
en le contenant, en le forçant à passer outre, ils
préservèrent du pillage le pays qu'ils occupaient.

Telle fut l'issue de cette campagne, qui, à
la vérité, ne pouvait avoir par elle-même des
résultats décisifs, mais qui ne laissa pas d'in-
fluer sur les affaires, plus qu'on ne pense com-
munément. Cette noble audace fatigua le parti
ennemi, et entretint le feu sacré dans le cœur
des Royalistes. Le Forez ne perdit point de
vue le drapeau sans tache, et Lyon ne put
ignorer qu'il flottait dans ses environs. L'inquié-
tude que causait une pareille résistance aux
volontés du tyran, dut nécessairement faire
un peu baisser l'opinion, et modérer l'élan
qu'on donnait à toutes les passions; et si à cela
on ajoute ce système bien organisé pour la
désertion des soldats de Bonaparte, on verra
que leurs efforts n'ont pas été tout-à-fait inu-
tiles aux troupes alliées; enfin, qu'ils ont fait

tout ce que la faiblesse de leurs moyens leur permettait : ils ont montré un grand courage, un grand dévouement dans un grand danger.

Je ne dois pas laisser ignorer le noble dévouement de MM. Rolland et B.....d, tous deux chefs de bataillon dans les Chasseurs d'Henri IV. Ils formèrent le projet d'enlever S. A. R. Mgr. le duc d'Angoulême lorsqu'il passerait prisonnier à Lyon ; ils s'étaient procuré les moyens de le porter hors de la frontière. Leur projet étant devenu inutile, par un coup de politique vraiment miraculeux, l'un d'eux, marié depuis un mois, reçut des ordres de M. Delandine-St.-Esprit pour aller à Gand, accompagner de braves officiers sous-officiers et soldats. Ils traversèrent la frontière avec courage, et parvinrent en Suisse, où ils furent retenus par M. Auguste de Talleyrand, qui les fit servir sous les ordres de M. Gaétant de Larochefoucault. On sait jusqu'à quel point ils ont porté le courage et le dévouement ; jamais on n'a vu plus de fraternité que n'en montrèrent les douze Chasseurs d'Henri IV Lyonnais, à l'armée royale de l'est. On les vit verser tout l'argent qu'ils possédaient dans la caisse du détachement pour faire la solde journalière de leurs compagnons d'armes. Ils ne montrèrent pas moins de courage le 2 Juillet. Attaqués par les corps-francs commandés par Chambur, l'armée royale, plus faible des deux tiers au moins, soutint avec vigueur le choc des forcenés. Nous avons à regretter la mort du brave officier de l'Estoile, chevalier de Malte et parent de M. de Beaumont, qui, quoiqu'officier en retraite de l'ex-garde, voulut servir comme soldat. M. Mollard fils ne mérite pas moins d'éloges. MM. Charpy frères, après avoir servi sous les ordres du duc d'Angoulême, où ils s'étaient distingués, ainsi que M. Métaillié, ne crurent pas devoir se dispenser de suivre leurs amis. Il existe et j'ai vu au ministère de la guerre, des titres bien flatteurs pour un de ces Chasseurs d'Henri IV, M. B.....d, qui attestent qu'à l'affaire du 2 Juillet, il sauva le drapeau sans tache.

En m'écartant de mon sujet, ce n'a été que pour faire voir que tous ceux qui portaient un aussi beau titre rappelaient les vertus et le courage des preux Chevaliers d'Ivry.

Si ce généreux exemple eût été suivi par tous les royalistes de France, je crois que nous n'aurions pas eu la douleur de voir les Bourbons quitter leur capitale ; et les alliés ne seraient pas venus de nouveau les replacer sur le trône ; ainsi nous nous serions épargné la honte d'une défaite sanglante, et tous les maux inséparables d'une invasion faite par toutes les armées de l'Europe. C'est ainsi que je le vois ; car il me semble que l'armée française , quel que fût son aveuglement, n'aurait jamais voulu combattre des Français, ou que tout au moins elle se serait divisée : les Royalistes y avaient aussi des enfans, des amis qui auraient en grand nombre quitté les drapeaux de l'usurpateur. Tel qui déclame maintenant contre les révolutionnaires, les fédérés, qui dans ces jours d'orage, a prudemment concentré dans son cœur tout son amour pour le Roi.

Vaines déclamations, qui entretiennent dans tous les partis un levain de discorde déjà trop funeste à la France, et qui se fortifie de tout ce que des injures et des haines récentes ajoutent à d'anciennes injures et à d'anciennes haines ! Les opinions révolutionnaires se soutiennent plus par l'espoir de venger l'amour-propre irrité de quelque offense, que par leur propre valeur. Laissons au Roi le soin de la sûreté de la grande famille, aux magistrats celui d'exécuter les lois qui la protègent, et nous, obéissons; servons le Roi, intimidons ses ennemis par notre fermeté, gagnons-lui les cœurs par notre modération; et si jamais les factieux menacent le trône, imitons les Chasseurs d'Henri IV, dont je me plais à publier la gloire, afin qu'ils trouvent dans l'estime de leurs concitoyens, cette récompense due à la fidélité aux devoirs, et au noble élan d'un véritable patriotisme, marqué dans des temps difficiles. C'est ainsi, je crois, qu'il convient d'encourager les bons ; ce moyen, au lieu d'irriter les méchans, doit augmenter leurs regrets, et finir par les ramener aux saines doctrines : en attendant il suffit de les contenir par des lois justes et sévères.

Je puis me tromper, mais je pense que tout ce bavardage politique, toutes ces déclamations contre tel ou tel parti, toujours dictées par la passion et souvent par des inimitiés particulières, font un mal infini à l'état, et le tiennent dans une crise violente, de laquelle il pourroit naître quelque désastre. La plupart des brochures du moment me fourniraient la preuve, au moins l'inutilité de toutes ces invectives. Je me contenterai, pour appuyer cette opinion, de faire un court examen de l'ouvrage de M. Gavand.

L'auteur a été lui-même Chasseur d'Henri IV ; il était du nombre de ceux qui furent pris à Oullins. Ce titre qui l'honore, m'avait engagé à faire la critique de quelqu'autre brochure ; mais je n'en ai pas trouvé de plus mauvaise que la sienne. J'aurais bien désiré que M. Gavand n'eût servi le Roi qu'avec son fusil : sa plume a tout gâté.

REFLEXIONS

Sur la Brochure intitulée : *les Crimes des Fédérés, moyens d'anéantir cette secte d'anarchistes et de cimenter le trône des Bourbons, par J. P. Gavand.*

Ne quid nimis.

J'éprouvai un sentiment bien agréable en lisant pour la première fois le titre de cette diatribe, sur les affiches dont on avait tapissé les murs de la ville de Lyon. Bon! me disais-je à moi-même, les crimes des fédérés vont être dévoilés! l'auteur annonce les moyens de détruire cette secte d'anarchistes, et de cimenter le trône des Bourbons; et je me livrai de suite à l'espoir flatteur de voir enfin la France heureuse. Le sentiment ne réfléchit pas : je me procurai l'ouvrage, sans trop faire attention aux deux épigraphes qui en sont tirées, et dont l'enflure aurait bien dû troubler un peu ma joie.

Hélas! qu'il m'en fallut rabattre en le lisant! Au lieu de nous montrer tous les ressorts de cette machine infernale, de nous donner de nouvelles preuves de la perversité de cette secte,

secte, de sonder toute la profondeur de la plaie qu'elle a faite au corps social, et d'appliquer enfin le baume dont on est tenté de le croire seul possesseur. M. Gavand dit des fédérés ce que tout le monde sait, et donne un remède pire que le mal. M. Gavand n'est qu'un empirique.

Je me suis bien convaincu que pour écrire sur nos dissensions politiques, il faudrait n'avoir appartenu à aucun parti : car le bon même, continuellement forcé à une résistance opiniâtre, n'a pas pu se tenir toujours dans les bornes de la justice et de la modération. La lutte a été terrible : tous les moyens ont été employés de part et d'autre; on s'est bien plus occupé de leur réussite que de leur bonté. Il faut le dire à l'honneur du parti royaliste, s'il n'a pas toujours su se contenir, on doit avouer qu'il fut attaqué par les révolutionnaires avec toute la violence des passions qui ne connaissent aucun frein, et que victime des excès auxquels il était en butte, il lui était difficile de garder cette attitude calme dans laquelle il faut être pour ne faire que ce qu'on doit.

Quant à moi je ne me flatte point d'avoir été impassible dans tous ces événemens politiques, mais je puis assurer que mes erreurs, ces erreurs inséparables de la faiblesse humaine, ne m'ont jamais fait transiger avec les principes éternels de la morale et de la justice, ou que, tout au moins, j'y suis bientôt revenu, si j'ai pu m'en éloigner un moment. Je vais essayer, dans l'examen de la brochure intitulée *Les crimes des fédérés, moyens d'anéantir cette secte d'anarchistes et de cimenter le trône des Bourbons*, de tenir une juste balance, en faisant à chacun sa part du bien et du mal. C'est ainsi, je crois, qu'un bon Français doit servir le Roi et la patrie.

Il me semble que M. Gavand a cédé à l'impulsion de sa haine contre les fédérés, que son amour pour les Bourbons et la patrie est un sentiment subordonné à cette passion violente, qui est elle-même subordonnée à son intérêt personnel. Si je ne me trompe, il faudrait en conclure que M. Gavand est un mauvais royaliste en lui supposant même des intentions pures; car s'il s'est oublié lui-même, et qu'il n'ait voulu qu'être utile au Roi, je me croirais encore fondé à lui appliquer ces vers :

> Mieux vaut un sage ennemi,
>
> Qu'un ignorant ami.

Je lui demande bien pardon de l'irrévérence avec laquelle je le traite ; mais je me crois obligé de lui dire en conscience l'effet que sa brochure a produit sur mon esprit. Or, si un homme connu par ses opinions diamétralement opposées avec celles des Jacobins , des fédérés , des Bonapartistes , n'est pas de son avis sur presque tous les points de son ouvrage , il faut , ou que cet homme et lui se trompent tous deux , ou qu'un seul soit dans l'erreur. Cherchons la vérité de bonne foi.

Ce qui frappe d'abord en lisant cet ouvrage, c'est une contradiction si forte, qu'elle annonce un écrivain passionné , qui se laisse aller au doux plaisir de dire du mal de ses ennemis, sans se mettre en peine d'être conséquent. *Les anarchistes de 1815 , nous dit-il, étaient plus dangereux que ceux de 89 , parce qu'ils étaient plus froids dans le crime; ils avaient un plan, un chef; forts des fautes de leurs prédécesseurs , ils étaient sûrs de les éviter.* Après des assertions aussi claires , aussi hardies, qui ne croirait que les fédérés de 1815 n'étaient plus dangereux, que parce qu'ils voulaient éviter les excès de la révolution? Pour moi, j'avoue que je commençais par être de l'avis de M. Gavand ; mais, quelques lignes après, il me dit lui-même que *si, au lieu d'un énergu-mène épileptique les fédérés eussent eu un chef froid et prudent comme Robespierre , avec l'armée formidable qu'on venait de recomposer c'en était fait des alliés.* Robespierre , un chef froid et prudent!!! N'y a-t-il pas assez de mal à dire de Bonaparte, sans qu'il soit nécessaire pour cela, de gratifier Robespierre de quelques bonnes qualités ?

Quand on écrit de pareilles sottises, il convient d'abord de ne pas les publier; et si enfin, on ne peut résister à la tentation de les faire imprimer, il faut les faire passer avec art, et sur-tout bien se persuader que le style de mélodrame les fait encore ressortir davantage.

Heureusement les alliés n'avaient rien à craindre parce qu'il manquait aux fédérés un chef *froid* et *prudent* comme Robespierre. Je passe à mon observateur tout ce qu'il dit des ....ncs-Maçons. Je n'examinerai point si, comme il le prétend, dans un état bien organisé, toute association publique ou secrète doit être prohibée. Cette question politique est d'un intérêt majeur; il faut, pour la traiter, s'élever à de trop hautes considérations. Je n'examinerai pas non plus si la fédération a pris naissance dans la franche-maçonnerie. D'ailleurs peu importe : elle a existé, cela suffit. Anéantissons l'esprit de parti, et les associations ne seront plus à craindre. Les circonstances, à mon avis, les font naître ; sous le prétexte du bien public, on remue les esprits, on échauffe les têtes, et on a bientôt formé des fédérations : il n'est pas nécessaire d'en chercher l'origine dans les sociétés qui existaient antérieurement.

Il est évident que Bonaparte n'a employé ces moyens, que pour gagner en popularité tout ce qu'il avait perdu. Dix ans de despotisme l'avaient rendu odieux, et il vit bien que pour ressaisir son sceptre de fer, il fallait entraîner le peuple dans son parti. Le retour des Bourbons avait éloigné de lui plusieurs personnages, que, dans sa prospérité, il avait attachés à son char; la Vendée reprenait les armes pour la défense de l'autel et du trône légitime; le midi abhorrait l'usurpateur : enfin la France était à-peu-près dans la situation politique de 89. Il fallait bien, dans un pareil état de choses, une force puissante qui comprimât l'activité des passions, et la liberté fut son pis-aller : car on pense bien que si la victoire lui eût encore accordé toutes ses faveurs, il aurait opprimé et les nobles et les prêtres, et les fédérés et l'Europe, et la terre et le ciel.

Des chefs de fédération, vendus à Bonaparte, égarèrent la multitude; et le peuple se laissa prendre à cet appât de liberté, toujours trompeur. Mais faut-il, parce que des hommes ont été trompés, les fuir comme des pestiférés, et leur ôter ainsi tout espoir de réconciliation avec les royalistes, et par conséquent avec le Roi?

Ah ! Louis XVIII est heureusement un peu plus sage que tous nos faiseurs de diatribes. S'il en était autrement, il faudrait au moins que plusieurs milliers d'individus emportassent leurs pénates, et allassent chercher de nouveaux concitoyens sur un sol étranger. Que diraient-ils aux Russes, aux Anglais, aux Allemands ? Nous fuyons notre patrie, parce que d'intrigants ambitieux nous avaient fait entendre que vous veniez nous apporter des chaînes -- Quoi ! point de pardon pour votre erreur ! -- Non ; nos amis, nos parens, nos concitoyens nous traitent comme on traite en Asie certaines castes réprouvées, et pourtant ils ne sont pas, pour la plupart, sans péché.

M. Gavand se laisse tellement emporter par sa haîne contre les fédérés, que pour les rendre le plus odieux qu'il lui est possible, nous avons déjà remarqué qu'il ne craint pas de déraisonner. Ainsi, les anarchistes de 1815 étaient plus dangereux que ceux de 89, parce qu'ils n'auraient pas commis les crimes de leurs prédécesseurs : un peu plus bas, il nous apprend qu'il ne leur a manqué qu'un Robespierre pour réussir. Dans un autre passage, il apostrophe les royalistes en ces termes : *N'oublions jamais que notre mort était le but de tous les efforts des véritables fédérés : dans nos rues, dans nos places publiques, dans nos assemblées, dans nos propres maisons, jusque dans les bras d'une épouse adorée, nous devions trouver l'échafaud.* O ciel ! l'échafaud jusque dans les bras d'une épouse adorée ! en vérité cela me fait frissonner. Tâchons toutefois de reprendre nos sens, pour lui demander comment il peut entendre que les véritables fédérés, c'est-à-dire les meneurs ne fissent tant d'efforts que pour faire périr les royalistes, puisque les anarchistes de 1815 étaient plus dangereux que leurs prédécesseurs, parce qu'ils savaient être plus modérés ? Ensuite il confond les moteurs et les machines, ils lui paraissent tous également coupables; et je suis fondé à croire qu'il le pense ainsi, car il se contente de demander quels sont les plus coupables.

J'avais d'abord cru que M. Gavand, content d'exhaler sa haine, se mettait fort peu en peine de la justesse du raisonnement, que pourvu qu'il assemblât quelques métaphores emphatiques, quelques mots bien ronflants, peu lui importait la suite des idées : mais il me semble que je puis aller plus loin ; qu'il ne hait pas les fédérés et les Jacobins autant qu'il veut en avoir l'air ; que sa haine est un peu factice. Ce n'est qu'une conjecture que je hasarde, je souhaite de tout mon cœur me tromper moi-même. Je voudrais bien lui laisser toute sa haine, qu'il prend pour de la vertu; mais c'est précisément ce faste de vertus qui m'a déplu. Avant de donner les raisons d'où je tire cette conjecture, je ferai connaître mon sentiment sur quelques passages de sa brochure, où il loue et il blâme toujours outre mesure. Ce n'est pas que je ne veuille louer ce qu'il loue; mais je veux le faire avec plus de discernement, et cela ne me paraît pas bien difficile : quant au blâme, je crois qu'il ne l'a pas assez ménagé. Comme il est outré dans ses éloges, il l'est aussi dans sa censure, qui n'est souvent qu'une folle déclamation que l'on prendrait pour le cri de la rage.

Que M. Gavand loue le clergé dans sa courageuse résistance à plusieurs époques de la révolution ; qu'il traîne dans la boue les prêtres apostats; c'est fort bien : mais pourquoi est-il injuste envers la noblesse ? En général il la peint avec des couleurs sombres, il en parle avec fiel. La justice distributive veut que l'on rende à chacun ce qui lui est dû. Il prétend que *la tache faite au clergé de France par des monstres qu'il réchauffait dans son sein a été effacée par tout ce que la piété et le dévouement ont de plus admirable*, et relève à l'infini la gloire du clergé, que je ne veux assurément pas rabaisser, mais seulement mettre à son juste point. Ce n'est point avec autant de bienveillance qu'il parle de la noblesse. Ecoutons-le : *La noblesse française a bien dégénéré ; ce sont les nobles qui ont aidé aux révolutionnaires à renverser le trône de Louis XVI ; la majeure partie de la noblesse de 89, était de la secte de Voltaire, athée, débauchée, lâche, tracassière, intrigante, égoïste : on a vu des évêques nobles, le sabre au côté, le bonnet rouge sur la tête, présider des comités révolutionnaires ; les l'Egalité, les Mirabeau, les Lafayette, les Pelletier - St. - Fargeau, les Labedoyère , les Lavalette étaient nobles.*

Après toutes ces dégoûtantes injures il se contente de dire qu'il y a d'honorables exceptions, sans doute, mais qu'elles ne font que confirmer la règle générale.

D'abord, que fait-là M. Lavalette ? le besoin de calomnier la noblesse a pu seul placer son nom à côté de ceux des Mirabeau et des Lafayette. Lavalette n'était pas noble ; il est le fils d'un petit marchand d'eau-de-vie en détail, derrière l'arcade St.-Jean, près la Grève ; il n'a dû son élévation qu'à son mariage avec une parente de madame de Beauharnais. Il aurait été facile à l'auteur de trouver le nom d'un noble, fait pour être accolé aux autres qu'il désigne ; mais il est plus commode d'y placer

Lavalette, afin que la honte récente rejaillisse sur tout le corps de la noblesse.

Il s'est trouvé quelques nobles pervertis par les nouvelles doctrines, donc toute la noblesse avait dégénéré? Étrange manière de raisonner! Eh quoi! les nobles n'ont-ils pas aussi leurs héros, leurs martyrs de leur foi politique? la discipline et la morale austère de l'église ne s'étaient-elles pas relâchées dans le Clergé? Qui est-ce qui ne connaît pas le testament du curé Meslier? Des abbés, des prêtres n'ont-ils pas été de la secte de Voltaire? M. Gavand ne sait sans doute rien de ce qui s'est passé à l'assemblée constituante. Ne sait-on pas que de riches prélats allaient à Paris passer leur vie dans le luxe et dans l'intrigue? Comment se fait-il donc que quelques nobles déshonorent la noblesse, et que quelques prêtres ne déshonorent point le Clergé? Il y a eu dans l'un et dans l'autre de ces deux grands corps politiques des bons et des méchants; mais dans l'un et dans l'autre, le nombre des bons l'emporte de beaucoup. Que si M. Gavand ne peut pardonner à la noblesse d'avoir accepté des emplois de l'usurpateur, je lui ferai observer que beaucoup de nobles en ont refusé, bien loin d'en rechercher; et que ceux qui en ont accepté, trouvent leur excuse dans la force des circonstances, dans une nécessité si impérieuse, qu'elle justifie les prêtres mêmes qui ayant bravé mille fois la mort pour ne pas prêter le serment sous la République, l'ont ensuite prêté à l'usurpateur, et ont fait retentir le lieu saint de ses louanges.

La même antilogie, ou plutôt le même désordre de la passion se fait sentir dans tout l'ouvrage. On y lit que les Fédérés sont des scélérats plus dangereux que ceux qui figurent aux assises : oubliant sans doute cette petite sottise, l'auteur avoue ensuite qu'il y a dans le sein de la fédération des hommes égarés qu'il croit convenable de ramener à la bonne route.

Les militaires, comme on le pense bien, n'y sont pas plus épargnés que les fédérés et les nobles : cependant on pourrait dire en leur faveur, qu'ils sont encore plus excusables que le peuple. Le militaire, en général, suit l'impulsion que lui donnent ses chefs, avec encore plus d'aveuglement que le peuple ne suit celle que lui communiquent des intrigants, qu'il pourrait sans danger ne pas écouter. Soumis à une obéissance passive, le militaire ne voit que ses chefs, qui lui imposent toujours. Or, s'il a été facile de persuader au peuple que les Bourbons leur rapportaient les dîmes et les droits féodaux, les officiers supé-

rieurs n'ont-ils pas pu persuader plus facile-
ment encore aux officiers subalternes et aux
soldats, que les Bourbons ne les aimaient pas,
que l'avancement serait à l'avenir tout pour la
noblesse? Quand un général, un colonel donnent eux-mêmes l'exemple de la rebellion,
les officiers et les soldats, déjà mus par le premier sentiment de leur devoir, l'obéissance,
peuvent d'autant moins résister, qu'on a con-
cilié leur volonté avec leur devoir, en excitant
dans leur cœur toutes les passions de la gloire
militaire et de l'intérêt personnel. Vouloir qu'ils
fussent restés inébranlables dans leur fidélité
au Roi, malgré leurs officiers supérieurs et leurs
propres intérêts, c'est tout ce qu'on pourrait
exiger, je ne dirai pas d'un soldat, mais d'un
homme d'une expérience consommée, exercé à
juger les hommes et les choses, et qui de plus
ne serait pas soumis à une obéissance passive.

Il est vrai que l'armée en général était ven-
due à Bonaparte. Soit enthousiasme d'une faus-
se gloire, soit espoir d'avancer en grade ou
d'obtenir la croix-d'honneur, presque tous les
soldats idolâtraient leur premier chef, qui avait
su enchaîner à son char les officiers supérieurs,
en les comblant d'honneurs et de richesses.
Mais l'officier subalterne et le soldat ne doivent être considérés que comme des hommes

égarés, et qui sont d'autant plus excusables, que tous les moyens de séduction ont été employés sur eux, par ceux à qui ils devaient obéir. Le Roi n'a pu compter sur la fidélité de l'armée, et l'a licenciée, parce qu'il est naturel qu'il ait des soldats qui lui soient dévoués. Quand on aura changé les officiers supérieurs, l'esprit de l'armée qui va se former sera excellent, je n'en doute point, quand même elle se composerait de beaucoup d'officiers et de soldats anciens. Si M. Gavand eût fait toutes ces réflexions, il se serait épargné la honte de toutes les injures qu'il a prodiguées à l'armée. Ne voit-on pas aujourd'hui la garde royale, composée en grande partie de la garde de Bonaparte? l'esprit de ce corps est changé; ce sont les mêmes soldats, mais ce ne sont pas les mêmes chefs.

La police de Lyon n'est pas elle-même à l'abri de la bile de l'auteur. Un énergumène a l'audace de pousser un cri séditieux sous les fenêtres de l'Archevêché, le jour que Monseigneur le duc d'Angoulême y était logé, et, à entendre M. Gavand, la police aurait été forcée par le peuple à arrêter le perturbateur. Le fait est que le commissaire de police Maru l'arrêta et le conduisit en prison. La police de Lyon est connue par son bon esprit et l'activité de sa

surveillance ; les traits de M. Gavand ne sau-
raient l'atteindre.

Le premier ministère de Louis XVIII, à son
retour en 1815, comptait sans doute des traîtres
et des hommes faibles ; mais ils n'ont pas tous
démérité du Roi et de la patrie, puisque M.
Talleyrand est nommé chambellan, M. Pasquier
ministre d'état, et que d'autres sont encore à
des postes éminents. M. Barbé-Marbois se serait
bien gardé sans doute de faire l'éloge de M.
Pasquier, dans sa circulaire adressée aux cours
et aux tribunaux, si celui-ci eût été un traître.
L'auteur accuse tout le ministère, en dit les
plus grossières injures, sans faire ensuite quelques exceptions, comme il le fait presque toujours après avoir injurié en masse. Cette faible
compensation ne prouve rien en sa faveur ; on
voit que c'est un sacrifice que la bienséance le
force à faire à la justice.

Tout ce qu'il dit des puissances alliées, car
dans son délire il attaque, et les généraux
étrangers et les rois eux-mêmes, est au moins
impolitique. Il y a des choses qu'on peut penser,
mais qu'on ne doit pas dire. J'ai dit qu'il m'était
venu dans l'idée que M. Gavand n'était pas
aussi acharné contre les Jacobins, qu'il veut
bien le faire entendre : qui ne sera pas de mon
avis après avoir lu le passage suivant ? « Tous

les Vendéens sont nobles , il faut mettre tous les vrais Royalistes sur la même ligne : plus de dénominations offensantes , plus de distinctions illusoires ; plus de caste privilégiée. » Est-ce clair ? ces maximes sont-elles celles des républicains , des fédérés ? Qu'importe que le but soit différent , les moyens sont les mêmes : encore ne puis-je comprendre comment des principes si républicains peuvent être dans l'intérêt de la monarchie.

Y a-t-il quelqu'un d'assez timide, ou d'assez peu clairvoyant, pour ne pas être convaincu de la grande analogie de l'auteur avec les jacobins et les fédérés ? Eh bien ! qu'il sache donc que M. Gavand a aussi quelque penchant à la souveraineté du peuple. Dans un passage, il dit que les Lyonnais ne sont plus disposés à ne laisser faire à la police que ce qu'elle voudrait ; dans un autre, que le bruit courut, au mois d'avril dernier, que le premier acte de justice du Duc d'Angoulême avait été de faire fusiller Massena, et que ce jugement du public valait bien au moins la peine que l'on mît en accusation celui qui en était l'objet. Je prévois qu'on m'objectera, qu'avant les jacobins on disait, *vox populi*, *vox Dei* : mais je réponds qu'il y a peu ou plutôt point de proverbes qui expriment une vérité morale universelle ; que cela est tellement vrai,

(48)

que le proverbe opposé , *fallax judicium vulgi*, vaut bien le *vox populi* ; et qu'enfin de tous les proverbes , il n'y en a pas de plus favorable à l'anarchie.

Mais passons à quelque chose de plus fort. Tout le monde connaît l'admiration superstitieuse des frères et amis pour les Grecs et les Romains ; et c'est encore un trait de plus , de la ressemblance de M. Gavand avec les Révolutionnaires. Il n'y a qu'un Spartiate qui puisse dire : « Qu'il devienne de bon ton , dans la société , d'avoir le sabre au côté , et de voir des fusils dans le coin des salons : alors les Dames françaises verront consolider par les baïonnettes de leurs époux et de leurs fils, cette contre-révolutions qu'un Bory-St.-Vincent attribue à leurs mouchoirs de poche. »

Enfin, pour porter la conviction dans l'esprit le moins disposé à reconnaître un jacobin dans cet auteur, il suffira sans doute de remarquer, qu'à la page 57 de sa brochure, il conseille aux royalistes de profiter de l'exemple des révolutionnaires, et de former comme eux des clubs et des fédérations; et il leur conseille de le faire, en leur reprochant vivement de ne pas l'avoir déjà fait.

Maintenant je demande si un homme qui adopte le principal dogme des révolutionnaires

et

et tous leurs moyens, peut être sincèrement animé de cette haine qu'il exhale avec tant de fracas? Car sans doute il ne déteste les révolutionnaires qu'à cause de leurs principes et des moyens employés pour les établir; et alors, comment peut-il prêcher l'égalité, approuver les clubs et les fédérations, sur-tout après avoir dit, que dans un état bien organisé, toute association secrète ou publique doit-être prohibée? S'il ne hait que les hommes, abstraction faite de leurs principes, c'est un fou à lier, qu'il faut envoyer aux petites-maisons. Je sais bien que le but qu'il se propose est différent, qu'il veut faire, pour soutenir le trône et l'autel, ce que d'autres ont fait pour établir leur système à-la-fois anti-monarchique et anti-religieux; mais qu'importe? les royalistes de sa façon n'en feraient pas moins détester la monarchie et la religion : non pas à cause de ces deux choses, excellentes en elles-mêmes pour tout homme pensant bien; mais à cause des principes et des moyens. Ne serait-ce pas en effet quelque chose d'odieux, que de voir le Roi à la tête d'un parti, comme il le propose pour imiter Bonaparte, faire peser la terreur sur ceux de l'autre parti; chaque salon devenir un Arsenal, et les hommes le sabre à la main jusque dans les bras d'une épouse adorée, aller au besoin tuer un fédéré

d'un autre genre, jusque dans les bras de son
épouse, probablement aussi adorée ?

La monarchie est la base essentielle de
l'ordre social, comme la religion est la base
essentielle de la morale, qui réprime toujours
les passions qui tendent sans cesse à le
troubler ; vouloir affermir l'une en secouant
les préjugés utiles de la naissance, et l'autre en donnant l'essor à toutes les passions ,
c'est une monstruosité qui ne peut sortir que
d'une imagination en délire; c'est tuer le malade
pour le guérir. Cette égalité en droits, qui vous
remue si fort la bile quand les révolutionnaires
la demandent , vous l'invoquez pour les royalistes ! mais n'est-ce pas parce que vous faites
parade de royalisme? Si je ne me trompe, vous
voulez aussi votre part de la Souveraineté du
peuple : je vous demande bien pardon, vous
me forcez à tirer cette conséquence.

Mais je vous entends, vous allez me dire que
les royalistes n'abuseront pas de cette égalité ,
de ces clubs. Eh ! de quoi n'abusent pas les
hommes quand il leur est permis d'abuser ? Me
direz-vous que c'est pour arriver au bonheur ?
Vour rejetterez-vous sur la gravité des circonstances ? Les jacobins aussi nous promettaient
le bonheur : selon eux, nous allions à grands
pas au siècle d'or, et les dangers de la patrie

étaient aussi leur excuse , ou plutôt leur prétexte. Non , M. Gavand , non , jamais les motifs et le but ne pourront justifier vos moyens.

Les sots, les énergumènes ont trouvé cet ouvrage bien écrit et bien pensé ; et c'est tout l'honneur que l'auteur peut en attendre ; mais c'est un grand mal eu égard au nombre de sots. Presque toutes les brochures de circonstances sont écrites avec passion ; mais c'est dans celle-là que l'auteur se montre le plus ultra-royaliste. Il pousse l'exaltation, au point qu'il peut paraître un ennemi de la monarchie : il s'occupe plus de frapper fort que de frapper juste. Le plan qu'il propose, si toutefois on peut appeler ainsi quelques idées eparses çà et là, est impraticable ; et s'il ne l'était pas, il conduirait à un résultat opposé à celui qu'on voudrait obtenir : on ne peut détruire la révolution avec des principes et des moyens révolutionnaires. Enfin M. Gavand doit avoir déplu aux vrais royalistes, et aux soi-disant libéraux. Ce qu'il y a de plus affligeant, c'est que cette misérable diatribe a eu la vogue : les uns l'ont achetée pour connaître tout le mal qu'on disait d'eux; les autres pour y trouver de nouveaux alimens à leur haine, car les passions accueillent les plus grandes folies. Les deux partis se sont un peu plus détestés l'un l'autre, et c'est tout l'effet qu'elle a produit.

A la fin on lit ce vers :

A ce trait on voit bien que l'auteur n'est pas noble.

Je conseille d'y faire ce léger changement :

A ce trait on voit bien que l'auteur est un fou,

et c'est ce que j'ai de plus modéré à en dire.

Maintenant je laisse à penser lesquels sont les meilleurs Français, de ceux qui s'étant cachés les jours de combat, ont fait, après la victoire, de violentes diatribes contre les vaincus ; ou de ceux qui, comme les Chasseurs d'Henri IV, ont exposé leur fortune et leur vie, et ont ensuite gardé un généreux silence. Ceux-là viennent rallumer l'incendie que les nobles travaux de ceux-ci ont contribué à éteindre ; les uns, par un zèle mal-entendu, deviendraient les fléaux de la patrie, dont les autres ont bien mérité. Voulons-nous terminer cette lutte qui ne fait que prolonger la révolution ? méprisons tous ces fougueux écrivains, tous ces déclamateurs qui sacrifieraient la France à leur vanité et à leur ambition. Une loi sage donne aux magistrats un pouvoir que les circonstances ont rendu nécessaire : moins nous crierons contre les jacobins et les fédérés, moins il y aura de délits de ce genre à punir. Laissons la révolution mourir de vieillesse, et la France est sauvée.

VIVE LE ROI !